TRADITIONS POPULAIRES

DE LA COTE-D'OR

RECUEILLIES PAR

CLÉMENT-JANIN

DIJON
IMPRIMERIE DARANTIERE
RUE CHABOT-CHARNY, 65

1884

TRADITIONS POPULAIRES DE LA COTE-D'OR

IL A ÉTÉ TIRÉ DE CET OUVRAGE :

3 exemplaires sur simili-Japon.
10 id. sur papier vergé.
115 id. sur papier ordinaire.

TRADITIONS

POPULAIRES

DE LA COTE-D'OR

RECUEILLIES PAR

CLÉMENT-JANIN

DIJON
IMPRIMERIE DARANTIERE
RUE CHABOT-CHARNY, 65

1884

Les temps ne sont plus aux Contes de nos grand' mères : ils disparaissent avec celles qui les narraient si bien, qui leur donnaient l'accent et la couleur.

C'est une page d'histoire des plus intéressantes, des plus curieuses, qui s'efface sous nos yeux sans que nous daignions nous baisser pour la ramasser et la mettre à l'abri.

Ces traditions, ces légendes, que sont-elles, en effet, sinon la voix des peuples primitifs ; voix encore incomprise, il est vrai, mais qui aura un jour son Champollion, comme les papyrus et les inscriptions de la vieille Égypte ont eu le leur.

Dans la Côte-d'Or, on a toujours négligé les traditions populaires, et aujourd'hui, la perte est irréparable. On glane à peine quelques épis là, où il y a cinquante ans, on pouvait faire de riches moissons.

Ce sont quelques-unes de ces glanes que j'offre à la Société bourguignonne de Géographie et d'Histoire, *dans l'espoir que d'autres recueilleront plus abondamment ce qui reste de nos traditions locales.*

George Sand a peint admirablement notre âge prosaïque, dans une légende qui a sa place naturelle en tête de ces pages. La voici :

LA FÉE QUI COURT

Je rencontrai l'autre jour une bonne fée qui courait comme une folle malgré son grand âge.

— Êtes-vous si pressée de nous quitter, madame la fée ?

— Ah ! ne m'en parlez pas, répondit-elle. Il y a quelques centaines d'années que je n'avais revu votre petit monde, et je n'y comprends plus rien. J'offre la beauté aux filles, le courage aux garçons, la sagesse aux vieux, la santé aux malades, l'amour à la jeunesse, enfin tout ce qu'une honnête fée peut offrir de bon aux humains, et tous me refusent.

— Avez-vous de l'or et de l'argent ? me disent-ils ; nous ne souhaitons pas autre chose.

Or, je me sauve, car j'ai peur que les roses des buissons ne me demandent des parures de diamants et que les papillons n'aient la prétention de rouler carrosse dans la prairie !

— Non, non, ma bonne dame, s'écrièrent en riant les petites marguerites qui avaient entendu gro-

gner la fée : nous avons des gouttes de rosée sur nos feuilles.

— Et nous, disent en folâtrant les papillons, nous avons de l'or et de l'argent sur nos ailes.

— Voilà, dit la fée en s'en allant, les seules gens raisonnables que je laisse sur la terre.

C'est charmant, n'est ce pas ?

Aussi, dans la mesure du possible, ai-je cherché à mériter les bonnes grâces de la Fée qui court, *en recueillant cette poudre d'or et ces gouttes de rosée.*

C.-J.

TRADITIONS POPULAIRES

DE LA COTE-D'OR

D'après Désiré Monnier, il existe quatre classes d'Esprits ou de Fées dans les traditions populaires de la Franche-Comté. Les premiers auraient été dieux et demi-dieux dès les temps fabuleux les plus reculés ; les Fées n'auraient été que de simples mortelles, déifiées par la grâce du peuple, à partir d'une époque déjà dévolue au domaine de l'histoire.

Voici sa classification telle qu'on la trouve dans l'étude sur le *Culte des Esprits dans la Séquanie* :

1° L'être symbolique connu du vulgaire sous le nom de *Vouivre ;*

2° Le *Chasseur sauvage* et la *Dame Verte ;*

3° Les *Déesses mères ;*

4° Les *Dames-Blanches,* c'est-à-dire les prophétesses de la Germanie et les druidesses de la Gaule.

Dans la Côte-d'Or nous avons les *Vouivres,* le *Chasseur noir*, les *Dames Vertes*, les *Déesses-mères* et les *Dames-Blanches* ou *Fées,* absolument comme en Franche-Comté ; mais j'avoue qu'il me serait difficile de dire lesquels ont été dieux ou mortels. Nos traditions sont trop incomplètes pour cela. D'ailleurs, rien n'est vaporeux comme les Esprits et l'on risque fort, quand on veut les serrer de près, d'avoir avec eux la déconvenue d'Ixion. Je ne m'y exposerai pas.

Ne voulant rien innover en cette matière, je procèderai comme l'auteur du *Culte des Esprits dans la Séquanie*.

LA VOUIVRE

« La *Vouivre*, dit X. Marmier, est un serpent ailé, un être magique, qui se glisse dans les airs comme une lueur rapide, se baigne dans les flots comme une autre Mélusine et porte à son front une escarboucle plus précieuse que tous les diamants de la couronne de France... Avant de se plonger dans les sources solitaires et les ruisseaux voilés dont elle aime à fendre l'onde limpide, la Vouivre dépose sur le rivage cette splendide escarboucle qui est son œil, sa prunelle, sa lumière. Si dans le moment où elle s'abandonne ainsi à la volupté de son repos, quelqu'un pouvait s'emparer de ce diamant inappréciable qu'elle a soin de cacher entre les roseaux les plus élevés ou dans le gazon le plus touffu, ah ! celui-là serait assez riche, car ni les mines du Brésil, ni les montagnes de l'Oural n'ont jamais livré aux regards avides des hommes un diamant pareil. »

Le docteur Vallot complète ainsi cette description :

« Les *Vouivres* ou les *Fées de Bourgogne,* au lieu d'œil, avaient au milieu du front un diamant lumineux : aussi lorsqu'elles regardaient avec leur œil de diamant, elles jetaient en trouble et en désarroi. »

Ici, une longue dissertation, fort embrouillée, pour établir les liens de parenté des *Vouivres* avec les *Fées*. Mélusine y apparaît naturellement, et le docteur Vallot, s'appuyant sur un passage de la *Promenade de Bagnères-de-Luchon à Paris,* du comte de Vaudreuil, conclut que la protectrice de la maison de Lusignan n'a jamais existé. Le lecteur s'en doutait bien un peu.

*
* *

BRETIGNY. — *Lai sarpan* du bois du Roz est bien connue à Bretigny. Des personnes existent qui l'ont vue, ou du moins le prétendent.

C'est un serpent énorme avec une couronne sur la tête, un œil de diamant, des écailles brillantes et sonores, un anneau à la queue. A-t-il des ailes ? C'est probable, car il va du bois de Norges au bois du Roz, sans laisser de traces de son passage.

CHAZEUIL.— Le climat : *Es Essarpan* se trouve derrière le *Chemin de Faas*. Ce rapprochement est significatif et c'est un point à étudier.

DIJON. — Il serait bon aussi de savoir d'où venait le nom de *Serpent* donné à l'emplacement de l'hôtel de l'abbé de Cluny, qui était attenant à l'ancien cimetière de Saint-Philibert, à Dijon.

GEMEAUX. — La Vouivre du château de Gemeaux se rend à la fontaine de Gemelos, entre deux et trois heures de l'après-midi, pour se baigner. Si on la surprend, elle relève son capuchon sur sa tête.

Il en existe une autre qui garde le trésor des Templiers, caché sous le *Murger-aux-Fosses*.

« Les débris accumulés de la Maison-Dieu des Templiers, — dit M. Huot, dans un mémoire manuscrit fort curieux, — formaient autrefois un énorme monceau de pierres qu'on appelait le *Murger-aux-Fosses*. On croyait que ce murger recouvrait certains caveaux ou *fosses*, dans lesquels était enfoui le trésor du Temple. Mais le démon l'avait pris sous sa protection, et en avait confié la garde à un génie. De plus, la cavité du murger servait de retraite à la *Vouivre*, reptile intelligent, dont la tête était ornée d'une escarboucle qui, dans la nuit, brillait comme un charbon ardent, et dont la valeur était considérable.

« La *Vouivre* sortait quelquefois de sa retraite pour aller se baigner dans une fontaine voisine, aujourd'hui réduite à un mince filet d'eau. Elle déposait alors son escarboucle à quelque distance, afin qu'elle ne fût pas ternie par les vapeurs de la source.

« Or, deux choses préoccupaient ceux qui rêvaient de s'enrichir d'un seul coup : s'emparer du trésor des Templiers, ou de l'escarboucle de la Vouivre.

« Un grand fainéant, nommé Jacquot, résolut, avec sa femme Jacquette, de tenter l'aventure. Justement on avait fait une brèche au murger, pour en retirer des matériaux. Voilà donc nos deux rapaces, travaillant de nuit, et pratiquant dans le murger une galerie dont ils ont soin de dissimuler l'entrée. Après un travail acharné, ils arrivent à une large dalle qui bien certainement fermait les fosses ou caveaux remplis d'or. La nuit suivante, ils reviennent avec un levier de fer et deux grands sacs. La dalle cède enfin sous leurs efforts ; elle est enlevée et laisse une ouverture béante. Vite, ils en approchent la lanterne, se penchent, et voient... un crapaud monstrueux, dont la tête égalait celle d'un chat, et qui fixait sur eux des yeux étincelants.

« Jacquette s'évanouit. L'homme, plus courageux, se hâta de remettre la dalle en place, et partit en emportant sa femme loin de ce lieu redoutable. Tous les deux y perdirent pour jamais la funeste envie de s'enrichir sans rien faire. »

« Un autre ambitieux, Nicolas Broreau (Colas Brorià), rêva, lui, de prendre l'escarboucle de la Vouivre. Connaissant ses habitudes, il se mit à l'affût près de la fontaine où elle venait s'ébattre. Un soir enfin, au clair de la lune, il vit comme une brillante étoile s'avancer lentement de son côté : c'était la Vouivre. Elle allait avec force précautions, regardant à droite, regardant à gauche. Arrivée près d'un petit pêcher, sous lequel se trouvait une pierre blanche, et se croyant bien seule, elle pose son escarboucle sur cette pierre, et se plonge délicieusement dans la fontaine.

« Colas se précipite alors sur l'escarboucle, comme un chat sur une souris et empoche le trésor. Mais la Vouivre qui l'a entendu quitte la fontaine, fait entendre des sifflements terribles et magnétise le voleur de son regard. Colas reste hébété ; l'escarboucle lui échappe des mains et la raison de la tête. Quand le charme eut cessé, il n'avait plus envie de voler la Vouivre.

« S'il ne fut pas riche, Colas eut l'honneur d'attacher son nom à la fontaine et à l'endroit fréquentés par la Vouivre. On dit depuis : *en Brorià ; lai fontaine de Brorià.* »

La tradition populaire de Gemeaux, recueillie

par M. Huot, diffère un peu de celle de M. X. Marmier, puisque l'escarboucle n'est plus l'œil de la Vouivre, mais un ornement de tête.

LARREY-LÈS-DIJON. — Il y avait une Vouivre célèbre à Larrey, dans *lai Combe ai lai Sarpan.*

« On tient qu'à Laré, à un quart de lieue de Dijon, — dit La Monnoie, — il y avait autrefois un gros serpent qui faisait du dégât. On l'appelait, en langage du Pays, *lai Vivre de Larei,* d'où par manière de proverbe on dit encore à Dijon d'une fille ou d'une femme qui a mauvaise tête, que c'est une *Vivre de Laré.* »

La vallée sinueuse connue sous le nom de *Combe à la Serpent,* est terminée par une roche dans laquelle s'ouvrent deux cavités. Le serpent se retirait dans l'une d'elles, après avoir exercé ses ravages ; il fut tué depuis Chatenay. On dit encore qu'il allait se baigner dans la fontaine d'Ouche.

Le lecteur trouvera peut-être bien peu d'analogie entre ce serpent tué et les Fées immortelles ; j'ai fait aussi cette réflexion. Mais la logique n'a jamais marché de pair avec les traditions populaires, et celle-ci est aussi vivace qu'elle est incomplète. Il faut l'accepter.

LA ROCHE-VANNEAU. — Ce village a une caverne connue sous le nom de *Trou de la Vèvre.* Je n'en connais point la tradition.

NUITS. — A la *Fontaine au Loup*, m'écrit M. Emile Bergeret, on voyait toujours un serpent ayant un diamant sur la tête, et qui le déposait, lorsqu'il voulait dormir ou s'ébattre sur l'herbe.

SUSSEY. — Une dépendance de ce village est le hameau de Vouvres. Une fontaine salée et les *Roches de Vouvres* indiquent évidemment l'ancienne résidence d'une Vouivre. Dans tous les cas, c'était un lieu où la religion des races primitives était pratiquée, puisque l'église de Sussey est sous le vocable de saint Pierre.

Or, Désiré Monnier remarque, — du *Culte des Roches dans la Séquanie*, — que presque toutes les roches anciennement divinisées portent le nom de la Vierge ou de saint Pierre, à moins qu'elles ne soient à proximité d'églises placées sous le patronage de ces saints. Sussey devait donc avoir sa Vouivre, sans préjudice du culte que l'on pouvait y rendre à la *Pierre Pointe*, ce curieux monument élevé par des races oubliées.

THIL-EN-AUXOIS. — Une vouivre, cachée dans le château de Thil, garde les trésors des souterrains. On dit qu'elle prend les enfants assez hardis pour oser s'y aventurer seuls.

Le château de Thil est bâti sur une montagne vénérée déjà du temps des druides. Il y existe une source sacrée, la fontaine de Saint-

Eutrope, qui jette un peu d'eau dans les fossés, et où les mères vont encore tremper les chemises de leurs enfants malades.

Vesvres. — D'après M. Charles Bigarne, il faudrait ajouter Vesvres à cette nomenclature. Il dit, en effet, dans son *Étude sur l'origine, la religion et les monuments des Kalètes-Edues* :

« Vesvres, qui rappelle la Vouivre celtique. »

Je n'y contredis point, n'étant pas étymologiste. Seulement, je ferai remarquer que le docteur Vallot prétend que *vaivre*, ou *vesvre*, signifie lieut rès bas, aquatique. Je lis aussi dans le *Glossaire du patois du Morvan*, par M. de Chambure :

« Vouavro est uno variante du terme générique vêvre, voivre, qui figure abondamment dans la toponomastique, désignant tantôt une bruyère, quelquefois un pâturage stérile ou humide, souvent un bois quelconque. »

Maintenant. lequel a raison, des savants que je viens de citer, ou du savant de Beaune ?

Si l'on se prononce pour M. Ch. Bigarne, il faudra ajouter beaucoup de Vesvres à celui qu'il signale, car les lieux dits de ce nom abondent en Bourgogne.

LE CHASSEUR NOIR

On le voit près du château d'Entre-deux-Monts, commune de Concœur, tout vêtu de noir, monté sur un cheval noir, et entouré d'une meute couleur d'ébène. Il chasse toutes les nuits, qu'elles soient claires ou sombres.

« Les habitants de Pagny racontent encore aujourd'hui que leurs ancêtres, chaque nuit qui précédait la fête de Noël, entendaient très distinctement, dans la direction du bois de Chassagne, l'amiral Chabot chassant le cerf dans ses forêts. Chacun pouvait parfaitement distinguer le son du cor, la voix des chiens, et même le galop des chevaux. Cette chasse nocturne était une punition divine infligée à l'amiral parce qu'assistant une fois à la messe de minuit dans sa chapelle de Pagny, et ayant appris qu'un cerf venait de passer près de là, il quitta le service divin pour aller le chasser. Si le même bruit ne se fait plus entendre aujourd'hui à pareille époque, c'est que le temps que devait durer ce juste châtiment est expiré ; il a eu lieu, dit-on, pendant 140 ans. »

« M. Henri Baudot, à qui j'emprunte ce récit, ajoute que cette tradition n'est pas la seule en France qui rappelle un semblable phénomène : elle est connue dans plusieurs provinces, sous les noms de chasse de Saint-Hubert, de Saint-Eustache, de chasse du Diable, etc. »

La Chasse nocturne. — Jules Pautet l'a mise en vers atrocement mauvais, qu'il eut l'audace de dédier à Victor Hugo ; — la *Chasse nocturne* est évidemment une légende greffée sur une autre légende plus ancienne, et c'est à ce titre que je la donne ici.

Je puise encore dans le manuscrit de M. Huot, déjà cité, une tradition gemelloise, qui se rattache, par plus d'un côté, au *Chasseur noir*.

« La maison des sœurs, à Gemeaux, — dit M. Huot, — avait été autrefois une sorte de fief, et elle était restée célèbre par la légendaire existence de l'un de ses anciens propriétaires, M. de Virville. Toute sa jeunesse s'était passée sous les drapeaux ; il avait été vaillant soldat et habile officier. En quittant l'armée, il était venu se fixer à Gemeaux. Son lieu de naissance ? Sa vie privée ? On les ignorait. Le jour il ne se montrait non plus que chat-huant ; la nuit, il était presque toujours sur pied.

« Quand tout le village dormait, les voisins de l'ancien officier étaient soudain réveillés par une voix caverneuse :

« Dors-tu, Virville ? Quoi ! tu tardes toujours ! »

« L'écho redisait ce « toujours » avec des vibrations particulières, et les vitres des maisons environnantes en frémissaient. La voix était celle d'un cavalier, car un galop retentissant la précédait. Quand Virville avait répondu : « Capitaine, à vos ordres ! » la porte cochère roulait sur ses gonds et les deux cavaliers partaient tantôt dans une direction, tantôt dans une autre. Ils allaient avec une rapidité vertigineuse ; leurs montures semblaient avoir des ailes. On aurait dit un tourbillon noir. Allez donc, dans de pareilles conditions, suivre à la piste de Virville et son mystérieux compagnon ! On entrebâillait quelquefois la porte ou la fenêtre, pour jeter un coup d'œil dans la rue, mais on ne voyait que deux cavaliers enveloppés dans de vastes manteaux qui recouvraient jusqu'à leurs chevaux.

« Chose plus surprenante encore ! On avait plusieurs fois remarqué, entre onze heures et minuit, devant la croix des Halles, un cavalier immobile, la tête reposant sur le cou de son beau cheval noir, et le reste du corps perdu dans les plis de son manteau. C'était évidemment le visiteur de M. de Virville. Mais pourquoi cette halte et ce recueillement devant une croix ? On se le demanda pendant bien des années ; à la fin pourtant, on crut avoir pénétré ce secret.

« Une vague rumeur voulait que ces mystérieux cavaliers allassent sur les champs de bataille lointains, où leurs compagnons d'armes étaient tombés, et que là, ils évoquassent leurs âmes, dans la société desquelles ils passaient quelques heures, s'entretenant du passé et de l'avenir. Or, de quels chevaux pouvaient-ils se servir pour de pareilles courses ? Ce devaient être des coursiers enchantés. Celui de M. de Virville arrivait on ne sait d'où. Chaque nuit d'expédition, il montait Gemelos, et se rendait, à l'heure voulue, à la porte de son maître. Ceux qui l'avaient approché l'avaient vu tout à coup grandir démesurément, au point d'acquérir la taille d'un éléphant, et ils s'étaient bien vite retirés.

« Une nuit, la voix du cavalier étranger retentit encore devant la porte de M. de Virville ; M. de Virville n'y répondit pas. Il dormait, cette fois, pour toujours.

« La nuit qui précéda ses funérailles, une longue file de cavaliers noirs, aux formes fantastiques, passa près des Halles, chacun inclinant profondément la tête devant la vieille croix. L'âme de Virville vint prendre place parmi eux, sous la même forme, et la troupe disparut.

« Telle est la légende. Ceux qui ont voulu l'expliquer ont dit que M. de Virville était affilié à certaine franc-maçonnerie militaire, ce qui nécessitait ses courses nocturnes. »

MEURSAULT avait aussi son *Cavalier noir*.

DAMES VERTES

A VIC-SOUS THIL, on voit des *Dames vertes*, sous le chêne de *Pré Collin*.

« Ce géant des forêts, dit M. Prudhon, l'historien de Vic-sous-Thil, mesure à sa base

5 mètres 33 de circonférence. A la hauteur de 3 mètres environ, il se divise, et deux de ses branches forment elles-mêmes des arbres gigantesques. Ce chêne est plein de force et de vie ; faisons des vœux pour qu'il soit conservé à l'admiration publique.

« Un arbre aussi colossal devait avoir sa légende. Si nous consultons les anciens du pays, ils nous diront que c'était sous ce chêne que se tenait le sabbat.

« Plus tard on y avait aperçu des *Dames vertes*. Les illusions de nos sens sont très fréquentes et très variées. Qui n'a remarqué les jeux que produit la lumière ?... Nos pères ont donc pu voir des dames vertes sous le chêne de Pré Collin ; mais certainement ces dames n'existaient que dans leur imagination. »

Et voilà justement comme on coupe court aux légendes !

DÉESSES-MÈRES

« A l'origine, les MÈRES ont été, sans contredit, des divinités champêtres, protégeant les jardins, les champs, les maisons et les routes ; elles présidèrent plus tard aux villes, aux provinces et aux nations qu'elles prenaient sous leur tutelle et dans lesquelles elles avaient soin d'entretenir l'abondance et la prospérité, en veillant à la santé de ceux qui les invoquaient. Chaque ville, chaque province, chaque nation, avait ses Mères particulières... »

M. Adolphe Grange, qui a écrit ces lignes, ajoute :

« Elles furent appelées en divers lieux sous différents noms, mais leur culte devait être le même partout : ainsi nous plaçons au rang des Déesses-Mères, les Maires, Mères et Matrones, dont les noms sont synonymes, les Junons, les Bivies, Trivies et Quadrivies, les Sulèves, les Sylvatiques, etc., et autres divinités protectrices des champs. »

Un autel représentant les Déesses-Mères a été trouvé à Bressey, en 1770 ; il est gravé dans les *Origines de Dijon*, de Legouz de Gerland. MM. Coutant et Mignard en ont découvert un second à Landunum, en 1854, lequel est reproduit dans le tome IV des *Mémoires de la Commission des Antiquités de la Côte-d'Or*. Ces deux bas-reliefs sont au Musée des Antiquités de Dijon.

M. Charles Bigarne en signale un troisième, provenant de Corgoloin, et qui est au Musée de Beaune.

Dans son livre déjà cité, M. Ch. Bigarne dit que le village de Martrois et le hameau de Mairey doivent leur nom aux Déesses-Mères. Pourquoi pas aussi Marey-sur-Tille? C'est une base bien fragile, l'étymologie. Je remarque, en effet, que M. Bigarne met encore en vedette des noms de lieux-dits tels que les *Madones* à Buisson, près de Serrigny ; les *Trois-Folles* à Pommard ; les *Damodes* (Dames hautes) à Nuits, et les *Bonnes-Mares* à Vougeot.

Une objection d'abord. Le climat des *Bonnes-Mares* n'existe pas à Vougeot. Il y en a un de ce nom à Chambolle, ainsi qu'une *Chambre des Fées*, et un autre à Morey.

Les *Bonnes-Mares !*... Chacun sait, dans nos pays, ce qu'on appelle *mar*, *mare* ou *marre*. Cela n'a aucun rapport avec les déesses vénérées par nos pères. Il faut ajouter que les bonnes mares de nos caves bourguignonnes ont peut-être plus d'adorateurs que les déesses champêtres n'en ont jamais eu. Il est si généreux, le vin des coteaux ensoleillés de Chambolle, de Morey et celui de leur petit-cousin, les Marcs-d'Or de Dijon !

Donc... Mais le lecteur a vu le lien mystique qui unit la cave au coteau. Je n'insiste pas.

DAMES-BLANCHES ET FÉES

Les Fées étaient très populaires dans la Gaule. Montagnes, fontaines, forêts, elles animaient tout, protégeaient tout, veillaient sur tout. Leur influence était grande aussi sur la destinée des hommes : à côté de chaque berceau, l'imagination de nos pères avait placé une Fée.

Quels beaux contes nous leur devons ! Viviane est toute dévouée à Lancelot du Lac, Ogier le Danois s'enivre d'harmonie, de parfums et d'amour aux genoux de la fée Mourgue ; la divine Morgane jette ses enchantements sur le détroit de Messine et Perrault... Qui de nous n'a pas lu les *Contes* de Perrault ?

Cependant, à côté de ces bonnes Fées, il y avait les méchantes, les vieilles, les laides, les fées Carabosse, les fées Grognon : mais elles étaient moins puissantes que les jeunes, et le bien l'emportait sur le mal.

* * *

Tous les pays du monde ont eu leurs Fées : la Perse ses Péris, l'Inde ses Apsaras, la Grèce ses Nymphes, la Scandinavie ses Elfines, l'Allemagne ses Nixes, l'Angleterre ses Branconices, l'Irlande ses Snee-Farra, la Bretagne ses Korriganes. Pourquoi la Gaule n'aurait-elle pas eu les siennes ? Pourquoi faire de ces gracieuses filles de l'imagination de la Gaule chevelue, une colonie de Péris ? Est-ce que nos ancêtres ne croyaient pas à l'existence de génies présidant aux eaux et à la terre ? N'allons donc pas chercher au loin l'origine des Fées : elles sont filles de notre sol.

*
* *

Dans la Côte-d'Or, le vent de l'oubli a soufflé sur les Fées, et les populations se souviennent à peine d'elles. On sait pourtant qu'elles pouvaient apparaître sous toutes sortes de formes, se transporter à des distances énormes, disposer des forces de la nature et, privilège suprême ! lire dans l'avenir comme dans un livre ouvert.

Voici ce que j'ai glané sur elles.

AISY-SOUS-THIL. — Sur le territoire de ce village, on voit la *Chaudière de la Fée*. J'en emprunte la description au *Bulletin de la Société des sciences historiques et naturelles de Semur*, année 1874 :

« Près d'Aisy-sous-Thil, à droite de la route qui conduit à Saulieu, se trouve l'entrée d'un vallon étroit au fond duquel coule un ruisseau. Sur une partie de son parcours, des blocs de granit isolés ou réunis dans toutes les positions reposent sur le sol ou sont suspendus sur les pentes du ravin ; ce vallon sauvage et d'un aspect très pittoresque, porte le nom de *Gallafre*.

« A peu de distance du ruisseau, mais à quelques mètres plus haut que son niveau, une roche de 4 mètres 30 centimètres de longueur sur 2 mètres de largeur, dont une partie seulement s'élève en dehors du sol, est percée d'un trou rond de 45 centimètres de diamètre, sur 45 centimètres de profondeur, qui présente la forme d'une véritable chaudière. Comment expliquer cette cavité dans une masse de granit très dur et très compacte ?

« On ne peut y méconnaître une de ces excavations qui ont été souvent signalées, que l'on désigne sous le nom de : *Marmites des Géants* ou *Pierres à Bassin* et dont la cause, qui n'est pas encore bien expliquée, est attribuée par plusieurs géologues à l'action des torrents ou à des effets glaciaires.

« La cavité de la roche de Gallafre est parfaitement régulière ; elle est même taillée avec soin ; ses parois sont verticales, bien que le bloc présente une inclinaison très prononcée. Près du bord de la roche, du côté de la partie inclinée, une petite rigole a été ménagée sans doute pour l'écoulement du liquide que cette cavité était destinée à recevoir. Il est donc à peu près certain qu'elle a été creusée par les hommes.

« Il est impossible de déterminer quel a pu être le but de ce travail ; quant à son origine, il est probable qu'il remonte à une époque très reculée. La tradition est muette à cet égard, mais elle est remplacée par une légende de fée qui doit faire supposer que cette cavité existait au temps des Gaulois.

« C'était la Chaudière d'une Fée fort méchante,

qui avait son domicile en Gallafre (1). On montre sa maison, sa grange, son écurie, c'est-à-dire des espèces de grottes peu élevées et peu profondes, formées par des blocs de granit que le hasard a superposés. Elle est morte, dit-on, depuis peu de temps ; son mobilier a été transformé en roches ; ainsi, indépendamment de sa chaudière, on voit son cuvier, son sabot, son lit, son seau, etc., et bien qu'elle n'existe plus, sa mauvaise influence subsiste encore. Mais il y a un moyen de conjurer ses maléfices ; c'est de porter sur soi du pain et du sel. Les femmes, et peut-être les hommes des villages voisins, n'oseraient pas se hasarder la nuit et même le soir près de l'ancienne demeure de la Fée sans pain et sans sel. On prétend que plusieurs personnes qui n'avaient pas pris cette sage précaution n'ont jamais reparu. »

Ces pages sont complétées d'une manière très caractéristique par M. Charles Prudhon, dans son *Histoire de Vic-sous-Thil.*

« Gallafre, dit-il, est un ravin profond, au bas duquel coule le ruisseau de Pont-d'Aisy. Dans ce ravin, se trouve une énorme pierre de granit, imposante par sa masse, autour de laquelle

(1) D'après M. J.-J. Collenot, auteur de la *Description géologique de l'Auxois*, cette cavité est connue sous le nom de *Cuvier-de-la-Fée*.

durent s'assembler plus d'une fois les anciens Gaulois, lorsqu'ils honoraient leurs dieux ou tenaient leurs conciliabules ; et les échos de ce ravin durent souvent répéter ces mots : En Gallas ! en Gallas ! que, dans leur enthousiasme, prononçaient les Gaulois.

« C'est ce souvenir qui s'est transmis jusqu'à nos jours. Il y a à peine cinquante ans, lorsque les habitants du village venaient à passer près de la pierre de granit dont nous venons de parler, ils s'arrêtaient pour s'écrier : En Gallas ! en Gallas ! Les jeunes gens du pays se rendaient en Gallafre pour y faire entendre ce cri de leurs pères. Une laide et vieille femme, la Beufnie, était la gardienne mystérieuse de ces lieux. »

BEIRE-LE-CHATEL. — Sur la route du Petit-Beire à Vesvrottes, à la croisée du chemin rural de l'Etrée, et en face de l'endroit même où l'on a trouvé beaucoup de tombeaux anciens, était un vieux poirier connu sous le nom de *Poirier Saint-Laurent*, sous lequel les Fées se réunissaient.

BOUDREVILLE. — Fontaine de Fée-Châtel.

BOURBERAIN. — Ferme de Faas.

CENSEREY. — La commune de Censerey, — dit M. Ch. Bigarne, — dont le nom signifie *rivière de Senn*, possède le bois de *Bâl*, dans lequel est une grotte appelée la *Chapelle des Fées*.

On y voit danser au clair de la lune les Dames-Blanches qui vont ensuite se désaltérer à la rivière. »

Cette grotte n'a pas été signalée par M. J. Garnier, dans sa *Nomenclature historique des communes, hameaux,* etc., pourtant si complète.

CERNOIS, commune de *Vic-de-Chassenay*.

Aux alentours de 1860, le sieur Blandin, de Cernois, revenait de la foire de Précy-sous-Thil. Il était plus de dix heures du soir. En passant près du parc de Bierre, il vit tout à coup une forme humaine, plus grande que nature, appuyée contre le mur du parc. La peur le prit et lui donna des ailes.

Près de l'entrée d'un mauvais et étroit chemin entre deux haies, appelé la *ruelle des Faraguégnia,* — des ferrailleurs, — se trouvent les vieux poiriers cabus de la ferme de Cernaisot, sous lesquels se tient une Fée, et « où l'on est exposé à voir quelque chose. »

En effet, Blandin avait à peine dépassé les maudits poiriers et mis le pied dans la ruelle, lorsqu'il sentit le terrain craquer sous lui. On aurait dit qu'il marchait sur des épines. Il y avait aussi des cahotements terribles. Le pauvre Blandin était plus mort que vif. Une petite vieille, bossue, laide comme les sept péchés capitaux, vêtue d'habits religieux, le suivait pas à pas.

Quelle était-elle? Blandin ne le lui demanda pas. Il prit ses jambes à son cou et ne tarda pas à rentrer chez lui, en proie à la fièvre. Pendant plusieurs jours il fut très malade.

Quant à la Fée, elle avait disparu par une *Chateneire*, ou frayé de lièvre dans la haie.

Quelques années après, ce même Blandin revenant le soir d'une veillée à Menestois, fut croisé, un peu avant d'arriver à Cernois, par deux lumières très vives qui disparurent en faisant : prout ! prout ! C'étaient des *cuelai*, ou âmes en peine demandant des prières.

Ce récit, je le dois à M. H. Marlot, de Cernois.

CHAMBOLLE. — A l'entrée d'une combe divisée par le rocher Grognot en grande et petite combe de la Vierge, est la *Chambre des Fées*.

CHASSAGNE. — « La pierre de *Tonton-Marcelle*, à Chassagne, n'existe plus qu'en souvenir, et ses débris sont recouverts par l'herbe et les broussailles. Depuis fort longtemps ce monument avait été brisé. Il y a une dizaine d'années, on en voyait encore un fragment assez volumineux qui paraissait avoir appartenu à une allée couverte. Le coteau rapide et stérile où cette pierre était posée est surmonté d'une sorte de muraille en blocs cyclopéens dont plusieurs ont été évidemment arrangés par les hommes. Elle sert de clôture à un petit bois disposé en demi-cercle. Tout le *Larré* est rempli de grosses pierres qui donnent à cet endroit, nommé la *Grande-Montagne*, un aspect singulièrement désolé. Un bosquet voisin s'appelle encore le *Bois de la Fée*. Il serait possible que le nom de Chassagne fût gallo-romain et qu'il vînt de *Campus Annæ*. Dans cette hypothèse, le mot de Marcelle pourrait signifier *Sacellum de la Maire*. »

Tel est le chemin de traverse par lequel M. Ch. Bigarne ramène ses lecteurs aux pieds des Déesses-Mères.

CHAZEUIL. — J'ai dit plus haut que, sur le territoire de ce village, le *Chemin de Faas* touche au climat des *Essarpan*.

CLAVOILLON. — Ce hameau est une annexe de Bessey-en-Chaume.

Il possède une *Fontaine aux Fées* et une grotte, dite de la *Tarboille*. Suivant M. Bigarne, cette *Tarboille* aurait été une espèce de serpent.

CLÉNAY. — A Clénay, on voit une Dame-Blanche à Pic-en-Poix, dans le bois du *Buisson Robin*. Il y a des ruines de masures du moyen âge en cet endroit et un puits assez profond. Les habitants des villages voisins appellent cette dame blanche *lai heuloure de Pic-en-Poix* et craignent, la nuit, de passer dans les lieux qu'elle fréquente. Ce nom de hurleuse semble indiquer que notre dame blanche pousse des cris terribles.

Courcelles-les-Semur. — Une Fée fameuse dans la contrée se tenait sous le chêne de Velnose, lequel s'élevait sur des ruines très anciennes, et que l'on dit provenir de constructions gallo-romaines.

Dans ce lieu mystérieux, personne n'aurait osé s'aventurer la nuit, tant était grande la crainte d'y rencontrer la méchante Fée, qui faisait mourir le téméraire, ou quelqu'un de sa famille.

Crecey. — Dans le bois de Brun, au-dessus de la combe Vormey, une grotte, appelée l'*Ecraignôte*, — la petite Ecraigne, — est hantée par les Fées. Les enfants du village n'osent en approcher.

Crugey. — On y voit une grotte appelée la *Cave aux Fées*.

Dijon. — Il y avait autrefois les *Roches aux Fées*, connues aujourd'hui sous le nom de *Petites Roches*, que M. Baudot regarde comme un lieu d'assemblées et de sacrifices druidiques. La chose n'est pas impossible, mais j'attends qu'une bonne Fée me l'atteste pour y croire les yeux fermés.

On attribue aussi aux Fées l'érection du clocher de Saint-Philibert, construit tout en pierres de taille. Elles ont fait cette œuvre en une seule nuit. Cela rappelle que les Fées bretonnes apportèrent dans leurs tabliers, tout en filant leur quenouille, les blocs gigantesques de Karnac et de Locmariaker, et que des traditions analogues ont cours dans les Pyrénées et dans les îles du Nord.

Étalente. — Ce village a pour patron saint Martin.

On y remarque une belle source, nommée la Coquille, qui sort d'une grotte portant le même nom, dans laquelle habite une Fée mangeuse d'enfants. Il y a peu d'années encore, on allait jeter à cette ogresse du pain ou des gâteaux, pour se la rendre favorable. La fée Greg, d'Étalente, était redoutée des têtes blondes, à l'égal du père Fouettard ou autres mythes populaires.

Gemeaux. — Ce pays des légendes ne pouvait manquer d'avoir des Fées. Ce sont elles, dit M. Huot, qui ont creusé la fontaine de la Roche, ou de Saint-Pierre, où elles se retiraient comme dans un inviolable asile. Cette fontaine était presque autant respectée par le sentiment de cette tradition que par sa consécration au prince des Apôtres.

Elles avaient de plus leur souterrain, leur *Trou*, dans l'enceinte du manoir féodal, dont on voit encore quelques vestiges. Ce souterrain aboutissait à environ un kilomètre de distance, dans le bois de la Charme; d'autres disent au château de Thil-Châtel, ce qui est invraisemblable.

« Fontaine et souterrain étant le refuge des Fées locales, elles erraient souvent de l'une à l'autre, et personne ne se souciait de les rencontrer dans leurs promenades nocturnes. A plus forte raison, n'avait-on pas l'audace d'aller sonder les secrets de leurs asiles mystérieux. Les Fées de la fontaine eussent impitoyablement noyé celui qui se fût avancé au fond de la caverne. « Ne va pas jouer sur le bord de la fontaine de la Roche, disaient encore il y a quelque quarante ans, les mères prudentes à leurs enfants ; la Fée du fond (de la fontaine) te tirerait dedans. »

« Quant aux Fées habitantes du long et obscur réduit féodal, elles en permettaient l'accès jusqu'à certaine excavation assez spacieuse, formant antichambre; mais malheur au téméraire qui se fût introduit plus loin !

« Le *Trou aux Fées* fit souvent travailler les esprits. Il était bien entendu que si on eût pratiqué une ouverture en un point quelconque du réduit, les conséquences auraient pu être graves. Une fois, entre autres, en 1843, que par suite de travaux de défoncement on avait percé la voûte du souterrain, l'imagination troublée de plusieurs habitants de Gemeaux leur faisait saisir, dans les sifflements de la bise, les plaintes menaçantes des Fées troublées dans leur repos séculaire. »

J'ajouterai à la description de M. Huot, que l'on montrait jadis dans le *Trou aux Fées*, la *Chaise du Diable*, quartier de roche sur lequel, disait-on, Satan venait s'asseoir.

Enfin, les Dames-Blanches erraient sur la Charme. « Elles ne passaient pas pour malfaisantes, dit encore M. Huot, seulement les dames Gemelloises étaient en relations de voisinage avec *Cla* (le follet) et toute la famille fantastique des *Essarts* et de *Venarde*, ce qui gâtait l'affaire. Nul, sur les onze heures du soir, ne se fût aventuré dans les lieux par eux hantés ; ils y faisaient d'ailleurs exercer une surveillance sévère par certains subordonnés dont l'aspect n'avait rien de gracieux.

« On raconte qu'un jeune homme ayant, « à heure indue », pénétré sur la Charme, il fut aussitôt appréhendé par un personnage noir et rude, qui le promena toute la nuit, sans suivre « ni chemins ni sentiers », à travers les roches, les buissons, les murgers de la Charme, des Essarts et de la Rêpe. La main de fer qui le tenait ne le lâcha qu'aux premières lueurs de l'aube, meurtri, exténué et à demi fou. »

GEVREY-CHAMBERTIN.—Voilà un pays qu'une bonne Fée a touché de sa baguette !

On y voyait jadis une pierre appelée la *Fée qui file*. Ecoutons ce qu'en dit le docteur Vallot :

« La pierre de la *Fée qui file* offrait un bloc cubique d'environ quatre pieds et demi à cinq pieds, sur chaque face. Elle était sans doute placée depuis très longtemps dans le lieu où on la voyait. Elle avait, par la suite, servi de base à une croix détruite, ainsi que le démontrait l'excavation qui se trouvait à la surface supérieure, et qui dans le temps avait été pratiquée pour recevoir la partie inférieure de la tige de la croix. »

« Des idées superstitieuses étaient attachées à la *pierre de la Fée qui file*, continue le docteur Vallot. Car à l'époque où l'on voulut la faire disparaître pour dégager le chemin, on fut obligé de faire jouer la mine. Pendant que les ouvriers foraient la pierre, et s'apprêtaient à remplir de poudre la cavité, beaucoup de femmes s'étaient réunies pour être témoins de l'opération, et un grand nombre d'entre elles disaient : *Si le feu pouvait donc ne pas prendre !* Elles regrettaient, en effet, ce monument dont la destruction anéantissait en même temps tous les souvenirs dont on avait bercé leur enfance.

« Cette pierre était sans doute un *menhir*, que la religion catholique avait sanctifié par la plantation de la croix, mais qui n'avait point pu parvenir à détruire l'opinion superstitieuse attachée au monument. Le développement des idées a permis de nos jours de l'enlever sans provoquer d'émeute, ce qui aurait probablement eu lieu à l'époque où ce monument a été consacré par la religion chrétienne. »

D'après le savant et prolixe docteur, cette *Fée qui file* était l'emblème de la terre. Il la rapproche de la *Truie qui file* et parle à ce propos de la *Truie qui bat du beurre,* laquelle figurait parmi les ornements de la première lettre grise du cartulaire de Notre-Dame de Beaune.

La pierre de la *Fée qui file* se trouvait à droite, en sortant de Gevrey, pour aller à la *Vau,* à l'embranchement du chemin de Saint-Jacques. Elle fut détruite vers 1810 ou 1812.

La pittoresque vallée connue sous le nom de *la Vau,* — on dit maintenant la *Combe de la Vau,* ce qui est un affreux pléonasme, — cette pittoresque vallée devait avoir ses esprits. Voici, en effet, une légende que m'a racontée une octogénaire de Gevrey :

Une fille, belle comme le jour, avait été enfermée, par sa marâtre, dans l'une des tours de Château-Renard. Avant d'avoir sa liberté, elle devait filer toute l'œuvre qui remplissait la tour. Or, il y en avait tant et tant, que le fuseau tombait des mains de l'innocente et qu'elle ne faisait que pleurer.

Par bonheur, la Fée de la Vau passa près de

la prison, et entendant des gémissements, elle y entra. — N'est-ce que cela ? dit-elle ; et prenant sa baguette, elle en frappa les paquets d'œuvre qui soudain se trouvèrent filés, et le fil dévidé par écheveaux.

Le bruit de ce prodige se répandit au loin, si bien que le fils du roi voulut voir l'habile fileuse, et la trouvant belle, il l'épousa.

Un fils naquit de ce mariage, un fils adorable et adoré. Mais un jour que la jeune reine était revenue à Château-Renard avec son fils, visitant les rochers de la montagne, elle vit, dans un souterrain, une vieille femme accroupie, qui faisait cuire des gaudes en chantonnant :

Rigaudin et Rigaudon,
C'est mon nom.
Si la belle au Roi le savait,
Bienheureuse elle serait !

Au lieu de prendre pitié de cette vieille, la reine s'en moqua. Soudain, il se fit un grand bruit ; la reine effrayée voulut fuir, mais elle ne trouva plus son fils. Il avait disparu avec la vieille femme qui n'était autre que la Fée de la Vau.

Je ne sais si je me trompe ; mais cette légende ne me semble pas étrangère à la pierre de la *Fée qui file.*

Enfin, Gevrey a aussi sa Dame-Blanche qui

va du cimetière au château. Son nom? On le dit tout bas dans le bourg, et l'on ajoute qu'elle expie les péchés commis avec Louis XV le Bien-Aimé, et autres galants du dernier siècle. S'il en est ainsi, la Dame-Blanche de Gevrey-Chambertin n'a rien à faire avec les Fées de notre pays.

GISSEY-LE-VIEIL. — Ici, un doute me point. Gissey avait-il une Fée ou des *foyards*? Le ruisseau de Fou a-t-il pris son nom d'une Viviane à l'œil de feu ou d'un hêtre au feuillage épais? Telle est la question. A dire vrai, je pencherais pour l'arbre, si je ne voyais pas, tout près de là, les *Roches Madame*, qui me mettent martel en tête.

Un habitant de Gissey pourrait seul se prononcer dans cette affaire.

HAUTEVILLE. — L'église de ce village est bâtie en pierres de champ, posées un peu obliquement. Aussi, d'après Courtépée, les paysans disent-ils qu'elle est l'ouvrage des Fées. Nos ancêtres s'émerveillaient de peu de chose.

LA COUR-D'ARCENAY.—Ce village était, selon toute apparence, un lieu druidique. On y voit encore un *dolmen* appelé le *Perron de la Louise*, ou de *la Fée*, dont M. Marlot parle ainsi dans son excellent travail sur les *Pierres à bassins du Morvan* :

« Le Perron de la Louise ou de la Fée est un bloc énorme de forme elliptique, disposé comme une pierre tournante sur un rocher enfoncé en terre, où il est parfaitement d'aplomb. Il est placé, comme le Fauteuil du Diable, sur une pente assez raide, de laquelle on jouit d'une vue étendue du côté du couchant. Deux gros trous à peu près ronds existent à sa partie supérieure... En grattant au pied avec un bâton, nous avons reconnu les traces d'un foyer et retiré un petit tesson de vase grossier, mal cuit, ayant l'apparence d'une haute ancienneté.

« Dans les environs, on trouve une roche à peu près semblable appelée le *Perron de la Jaquette*...

« La Louise, selon la légende, était une méchante et redoutable sorcière ; elle faisait sa cuisine dans ces espèces de chaudrons. La nuit, montée sur la pierre et sous l'aspect d'une dame blanche, elle cherchait par ses cris à égarer ou à effrayer les voyageurs. »

La Roche-Pot. — Montagne de Bellefaie.

Lesgoulles. — La *Roche aux Fées* dans la combe des Forgerons.

Magny-Lambert. — « Le Magny-Lambert, mon pays natal, — dit Leclère dans son *Archéologie celto-romaine*, — possédait aussi sa caverne consacrée, située dans le *bois des Fées*, en face de la motte et des nombreuses tombelles de la plaine. Cette caverne a été formée par la nature au milieu de gros rochers couronnés d'arbres. Il est maintenant fort difficile de pénétrer dans l'intérieur de ses salles, à raison des éboulements récents qui ont encombré la principale entrée. Jusqu'à nos jours, les paysans ont conservé, par tradition, une terreur superstitieuse pour les Fées habitantes de ces rochers. On sait encore l'histoire de la dernière qui, sous la forme d'une petite vieille décrépite, se faisait voir peu d'années avant la Révolution. » C'était un usage, dans chaque ménage, de lui offrir un gâteau à certaines époques de l'année.

MAGNY-LES-VILLERS.— D'après Joseph Bard, on trouvait dans ce village des Fées, des sorciers et des *laveuses de nuit*.

MANLAY. — Au sommet de la montagne de Bar est une petite excavation appelée le *Four des Fées*.

MELIN. — M. Ch. Bigarne dit qu'on trouve dans ce hameau la fontaine de *Belle-Fée*. Cette fontaine n'est pas mentionnée dans la *Nomenclature* de M. J. Garnier.

MESSIGNY. — La Dame-Blanche de la combe d'Arveau est bien connue à Messigny ; on lui prête la fameuse réponse des esprits malins :

San ton pain, san ton sau,
De lai combe d'Arvau,
Tu ne sotiro!

A minuit, on la voyait descendre le *Gravilly*. Parfois, elle venait doucement derrière les passants attardés et leur chatouillait le cou avec le doigt, en disant : « Je suis la petite Dame-Blanche. » M. François Sebaut, tisserand à Messigny, a encore eu du fil à retordre avec elle, il y a quelques années.

MEURSAULT. — « Le *Creux de Nervaux* est une petite combe stérile qui descend du plateau, au revers de la montagne de Meursault, du côté de Gamay, à peu de distance de la pierre de Tonton-Marcelle, dit M. Ch. Bigarne. C'est dans ce lieu redouté que se tient le sabbat. On voit sur le sol de grands cercles où l'herbe jaunit, car les Fées brûlent le gazon avec leurs pieds en tournant les rondes nocturnes. Dans la nuit qui précède les grandes fêtes, les bonnes gens du petit Auxey et de Gamay peuvent apercevoir, du fond de leur vallée, les feux allumés à minuit par les sorcières infernales.

« Un ménétrier de Meursault revenait une nuit, il y a bien longtemps de cela, d'une noce à Saint-Aubin. Arrivé sur les chaumes de Nervaux, il voit venir un cavalier monté sur un cheval noir, qui lui promet un trésor s'il veut revenir le lendemain. Le violoneux lui donne sa parole, puis, de retour à Meursault, il va trouver le curé qui lui fait entendre que son âme court un grand danger. Mais Satan a sa parole ; tous deux se trouvent au rendez-vous. Au moment où l'homme noir met pied à terre, le musicien, à moitié mort de peur, fait un signe de croix et le diable disparaît avec sa monture. »

Dans ce temps-là, on se débarrassait du diable ; aujourd'hui certaines gens passent leur vie à le tirer par la queue.

Courtépée dit que l'aiguille du clocher de Meursault passe pour avoir été bâtie par les Fées.

MOLPHEY. — Dans un rôle des feux de l'Auxois, daté de 1377, le nom de ce village est orthographié *Mollefey*. Doit-on y voir un souvenir défiguré de quelque Fée nonchalente? Je ne trancherai pas la question.

MONTFORT. — Près des ruines du château de Montfort, est une forêt hantée par une biche blanche, que les paysans appellent *la baronne*. C'est, disent-ils, l'âme de la baronne Amélie de Montfort, femme de Frédéric-Casimir, prince palatin de Landsberg, laquelle devint folle en apprenant l'assassinat de son père, et se précipita du haut de l'une des tours du château.

Je donne ce récit pour ce qu'il vaut. Libre au

lecteur de le prendre à la lettre, ou bien de le greffer sur une tradition plus ancienne.

MOREY. — « Le bloc de la *Fée qui file*, à Morey, dit M. Bigarne, nous reporte au culte Isiaque de la terre. Cette pierre que l'on a détruite il y a une quinzaine d'années, servait de piédestal à une croix. On y cognait la tête des crédules qui approchaient l'oreille pour entendre le bruit du rouet. Chacune de ses faces avait un mètre et demi de hauteur. »

Je crains bien que M. Bigarne n'ait confondu cette *Fée qui file* avec celle de Gevrey ; elle lui ressemble terriblement. Seulement, il la fait disparaître vers 1855, tandis que celle de Gevrey fut détruite, comme je l'ai dit, vers 1810 ou 1812.

NUITS. — Dans sa brochure *Histoire et poésie*, Joseph Bard a fait la description des *Trous-Légers*, et en a raconté la légende. Je lui emprunte son récit, en y faisant toutefois quelques coupures.

« Une large et basse ouverture pratiquée dans le roc, divisée en deux parties à peu près égales, par un pied-droit naturel ou pilier, constitue les *Trous-légers* proprement dits ; à côté d'eux est la *Chaudière du Diable*, et au-dessous, la *cave* ou le souterrain dans lequel nous allons entrer.

« Je défie à l'art de composer une voûte dont la

courbe soit plus harmonieuse, dont les parois soient plus solides, que celle de la cave des *Trous-Légers*. Dans le milieu du souterrain est un salon en rotonde, d'une coupe élégante, où sans doute les Fées se réunissaient pour leurs fêtes, *galas* et *esbattements* domestiques. Des chauves-souris blafardes, plaquées contre les murs, en forment les rinceaux et les frises ; ou logées dans la concavité de la voûte, elles semblent les culs-de-lampe du plafond. La *cave* des *Trous-Légers* n'est pas très profonde ; mais le peuple qui n'aime pas les choses finies et positives, le peuple qui toujours veut un au-delà, dit que la *cave* se prolonge jusque sous l'église du village de Chaux. Mais les Fées qui ont choisi leur séjour en ces sombres lieux ont soin d'en fermer l'entrée par un rocher, depuis que la philosophie s'est montrée si arrogante avec elles. »

Joseph Bard ajoute :

« Le palais central des Fées nuitonnes était aux *Trous-Légers ;* c'est là qu'elles recevaient les visites de l'enchanteur Renaud qui, depuis près de mille ans, demeurait sur le grépissot de Concœur et dont le château de rochers encore apparent, regarde, morne et muet, toute cette opulente campagne qui verdoie à ses pieds.

« Dans les nuits du sabbat, les géants du *Roi de Villars*, l'enchanteur, les magiciens errants de la vallée, et le diable, arrivaient à cheval aux *Trous-Légers*. Là, dans la grande chaudière que vous connaissez, Lucifer préparait les mets du festin. A peine le dernier coup de minuit avait fini de tinter au beffroi de la ville, que toute la troupe se mettait en marche. C'était d'abord un immense char que traînaient douze chevaux noirs ailés, soufflant des flammes par leurs narines : ce char contenait le diable, l'enchanteur Renaud et les deux princes des géants. Puis venaient deux carrosses attelés chacun de six coursiers blancs également ailés, où étaient les Fées richement vêtues de robes d'argent, ayant des étoiles dans leurs cheveux blonds, et tenant en leurs mains une baguette dorée. Puis encore l'on voyait une foule de magiciens cavalcadant autour des carrosses, plus agiles et presque aussi bizarrement vêtus que les écuyers cavalcadours de l'ex-roi Charles X ; enfin, la troupe joyeuse, babillarde, des laquais armés de torches ardentes, galopant et portant des bahuts qui renfermaient les rôts, les friandises et les liqueurs. Quelques instants avant que les puissances surnaturelles eussent quitté les *Trous-Légers*, des valets aux longues tuniques bariolées, coiffés de bonnets pointus, étaient occupés à dresser une grande table au *Pâquier*, et à la couvrir d'une éclatante vaisselle.

« Sept secondes suffisaient pour que ce cortège

eût franchi la distance qui sépare les *Trous-Légers* de cette île alors couverte d'énormes noyers, qu'on nommait le *Pâquier*, et qui a perdu aujourd'hui sa destination, sa forme et son nom. Alors, durant que les laquais plaçaient les mets sur la table, toute la troupe se formait en chœur et se livrait à des hurlements qui retentissaient jusque dans les caves du château de Vergy. Tous les arbres s'illuminaient, d'immenses pots-à-feu brillaient sur les cimes des montagnes environnantes, de frais et joufflus chanteurs, des joueurs de flûte, de violon, de théorbe, de mandoline et de bombarde, se nichaient dans la tête bruissante des noyers, et avec le concert la première danse commençait. Mais bientôt Lucifer poussait un cri suprême. C'était le signal du repas, et chacun s'asseyait au banquet.

« Ici la légende d'un jeune amoureux de Vosne qui, pour obtenir la main d'une belle fille qu'il aimait, va dérober une tasse d'argent sur la table du *Pâquier* Mais, le curé de Vosne lui enjoint, à confesse, d'avoir à restituer cette tasse et le malheureux, en la reportant, est mis à mort par les bohémiennes du sabbat. »

ORVILLE. — Sainte Anne et sainte Gertrude se rendent visite entre Orville et Selongey, et se promènent dans les blés, qui noircissent sur leur passage.

Les gens sages les voient la nuit, sous la forme de deux femmes blanches ; si l'on s'en approche, elles se changent en génisses blanches.

PANTHIER. — La *Dame des Chaumes* est célèbre dans le Beaunois ; elle apparaît entre Panthier, Baume et Sivry, près des quatre tumulus. Je la classe parmi les Dames-Blanches, bien que je n'aie jamais vu la couleur de sa robe, et j'espère qu'on ne m'en voudra pas trop de cette hardiesse. Il faut toujours donner une couleur à son récit.

Près des quatre tumulus, les voyageurs attardés sont suivis par le *rouleau*. S'ils se retournent, à la troisième fois, ils sont renversés et écrasés.

PREMIÈRES. — L'église de Premières a été bâtie par les Fées, en une seule nuit. Il ne restait plus qu'une pierre à poser, quand le jour les surprit dans leur travail et les fit s'enfuir. Jamais cette dernière pierre, souvent remise en place, n'a pu être consolidée.

RECEY-SUR-OURCE. — « On montre près de Recey, dans la vallée de l'Ource, deux roches aux Fées, dit M. Rouhier, dans un mémoire manuscrit. L'une qui domine la promenade de la Carrière offre, au milieu de sa hauteur, une ouverture allongée, semblable à celle d'une caverne, et où il est difficile de pénétrer. On la nomme le *Trou de Bazou.* A quelques pas de là jaillit une fontaine qui se jette dans l'Ource après un trajet fort court (5 à 6 mètres.)

« L'autre roche, un peu plus éloignée du pays et de la rivière, se remarque sur le côté opposé du vallon, près du sentier qui conduit à Menesbles ; elle présente une large et profonde cavité ayant extérieurement la forme d'un demi-cercle. On lui donne le nom de *Châtel-Mauricaud,* c'est-à-dire Châtel noir. »

SACQUENAY. — *Cave aux Fées* ou *Moulin de la Fée.*

Ce moulin était absolument comme les autres, et le blé qu'on y portait ne subissait aucun enchantement, si ce n'était peut-être de donner de la farine de *conceau,* quand on avait remis au meunier du froment pur.

SAINT-PIERRE-EN-VAUX. — Montagne de la Fée.

SAINT-SAUVEUR. — Ce village, connu autrefois sous le nom d'Alpha, avait un prieuré célèbre, fondé en 870, et qui fut ruiné pendant les guerres du XVIIe siècle. « Les bonnes gens du pays disent que l'église a été bâtie par les Fées. »

SALMAISE. — Le grand puits de Salmaise est habité par la fée Mélusine. On en menace les enfants indociles.

SANTENAY. — Les rochers de la Fée.

SAVIGNY-LE-SEC. — La maison Clerc-Cheret était jadis habitée par des Fées et des Sorciers. Un nommé Parmain aurait même écrit un résumé de cette tradition, lequel, je crois, n'a jamais été imprimé.

SELONGEY. — Ce bourg est plein de souvenirs celtiques. En voici quelques-uns relatifs aux Fées, que je dois à l'obligeance de M. Drouhaut, propriétaire à Selongey.

Les *Roches de Thénay*, situées dans un vallon resserré, où coule la Venelle, sont à environ un quart de lieue de Selongey. Dans ces roches s'ouvrent des cavités dont nul ne connaît la profondeur, sauf les Fées et les renards.

Avant la Révolution, on croyait encore que les *Roches de Thénay* étaient hantées par les Fées et les Dames-Blanches. Tous les samedis elles en partaient pour aller au sabbat dans trois endroits différents :

1° Sur la Motte ;

2° Au Creux de Saussy, à 400 mètres de Selongey ;

3° En *Pierre-Virant*.

Les Fées des roches de Thénay, outre le sabbat, aimaient à se promener, la nuit, bien entendu. Leur salon était dans la forêt de Grand-Mont, ou forêt de Marey, au lieu dit : *Coupe de la*

Grand Perche, à une demi-lieue de leurs grottes. Là, elles avaient choisi les plus gros arbres, et en enlaçant les branches, elles s'y reposaient comme dans un hamac.

Ces arbres ont disparu. Mais tout bûcheron qui avait été assez hardi pour mettre la hache ou la cognée au chêne ou au hêtre servant de fauteuil à une Fée, a été puni de mort dans le courant de la même année.

Une anecdote pour terminer. On me la garantit authentique. En 1814, une jeune fille de Selongey avait pris une avance sur le Sacrement, et pour fuir la colère paternelle, — la pauvrette allait être mère, — elle se réfugia dans les grottes de Thénay. Elle y était depuis quarante-huit heures, quand on finit par l'y découvrir. Alors sa mère éplorée l'interpellant de sa voix la plus douce, à l'entrée des grottes :

— Mairie, — disait-elle, — si tu n'a pa mote, répon me ; ma si tié mote, ne me di ran ! (1)

La Pierre-Virant, qui a donné son nom au climat, était, au dire des vieillards, une pierre ayant la forme d'un œuf, et posée sur une autre pierre formant pivot. Cette roche pouvait avoir trois mètres de hauteur. C'était évidemment un monument druidique. Un maçon de Selongey

(1) — Marie, — disait-elle, — si tu n'es pas morte, réponds-moi ; mais si tu es morte, ne me dis rien !

brisa cette pierre sous la Révolution. Dans les écraignes, on parlait beaucoup de la Pierre-Virant et des Dames-Blanches qui venaient, la nuit, y faire leurs prières.

Le chemin qui conduit de Selongey à Marey-sur-Tille serpente dans un ravin profond, dont les parois sont couvertes de forêts. C'est, comme on dit dans le pays, un de ces chemins où le bon Dieu n'est jamais passé. On l'appelle les *Creux-Gâteaux*, et des Dames-Blanches y habitent. Elles guident les voyageurs dans ce dédale affreux en les prenant par la main.

Les Dames-Blanches qui habitent Molle-Vau, autre chemin de traverse de Selongey à Cussey-les-Forges, sont aussi complaisantes.

SEMESANGES. — Il y a, sur le territoire de cette commune, le bois de Montfée. Le sabbat se tenait à l'extrémité de ce bois, lieudit en Lavela.

En avant de Montfée est une petite combe qui porte le nom de combe Marie.

TALANT. — Ce village est célèbre par son *For es Fées,* dont beaucoup de nos historiens ont parlé.

« Un auteur a prétendu, dit Legouz de Gerland, que les Druidesses y rendoient leurs oracles ; que c'est de là qu'on a cru que les Fées y étoient établies, et que c'est sur cet établissement que l'on a depuis bâti la Paroisse dédiée à la Vierge. »

M. J. Garnier, en complétant la tradition, donne également une forme tangible à ces êtres mystérieux :

« Selon les croyances populaires, dit-il, des Fées hantaient les nombreuses cavernes creusées dans sa base (de la montagne de Talant), et quand venait l'heure de minuit, on les voyait danser autour de la *Roche fendue*, ou bien se baigner dans la fontaine qui a conservé leur nom. »

La *Roche fendue*, appelée aussi *Roche à la bique*, est un menhir naturel traversé par le sentier qui conduit de Bonvaux à Champmoron. Cette roche, d'une hauteur moyenne de trois mètres sur un de large, passait, au moyen âge, pour un lieu de sabbat ; elle servit longtemps de *vente* aux charbonniers, et de point de rendez-vous aux carbonari sous la Restauration.

Le *For es Fée* est situé en face du Foulon. Il fallait qu'au moyen âge ce lieu fût bien fréquenté par les superstitieux, puisqu'on y éleva une chapelle qui existe encore, laquelle était connue dès le XVe siècle, sous le nom de *Notre-Dame des Roches*. Pierre Dumay, qui écrivait aux environs de 1660, a fait une description du *For es Fée* dans le premier chant du *Virgille virai an Borguignon*.

Deçai-qu'ai-delai dé pareire,
Tei qu'on en voi devé Plieumeire,
Ampoche lé van de tròblai
Les ea qui dreume tõjor lai.
Ein largo bo, vou lai cognie
N'aivo baillé cô de sai vie,
Eto raingé tôt ai l'antor
Et garnisso lé deu rebor.
Au fin fon, desô lai ramée
On y voiso le for dé Fée,
On y treuvo force bone éa ;
Tôt ai l'antor, des escaibea
Qu'on aivo côpai dans lai piarre...

D'après M. Boudot, ce mot *for* viendrait de *fari*, parler, ou de *forum*, lieu d'assemblée. Le *for dé Fée* était donc le lieu où les Fées se réunissaient pour conférer, pour délibérer entre elles sur le bien ou le mal qu'elles voulaient faire aux humains.

Lamonnoie avait dit, avant M. Boudot, dans son *Glossaire* : « Le *for dé Fée*, nom qu'en langage du pays on donne à certaines cavernes percées naturellement dans une chaîne de rochers sur le chemin de Dijon à Plombières. En français le *four* et non pas le *fort* des Fées.

VAL-SUZON. — Toutes les nuits, les Fées viennent, *au Châtelet*, travailler à des chemins en hérisson, que le chant matinal du coq fait disparaître.

VANTOUX. — A droite du chemin d'Hauteville, dans le bois, au-dessus du parc du château de Vantoux, est un climat nommé : le *Chaumeau des corps morts*. On y a trouvé des cercueils de pierre.

Une Dame-Blanche, la même sans doute que celle du Gravilly de Messigny, vient danser toutes les nuits sur le Chaumeau des corps morts.

VEUXHAULLES. — Ferme de Feez.

VILLERS-LA-FAYE. — D'après Joseph Bard, ce village était un des séjours préférés des Fées, des Sorciers, et des *laveuses de nuit*.

VILLEY-SUR-TILLE. — « Au finage de Villey, dit le docteur Vallot, on va voir par curiosité les *Arbres des Fées* ; ce sont cinq hètres d'une grosseur remarquable. »

Ici encore, il entasse preuves sur preuves, Dame verte sur Diane, Diane sur Monnier, Monnier sur Diénay, pour tomber tout à coup aux pieds de la Diane d'Aritia, près de Rome.

Ce bon docteur Vallot n'a oublié qu'une chose : c'est que le hètre s'appelait *fay*, *faug* dans notre vieille langue, et que les arbres de Villey pourraient bien être tout simplement des *arbres de fay*, comme il le dit lui-même.

DIJON, IMPRIMERIE DARANTIERE

www.ingramcontent.com/pod-product-compliance
Ingram Content Group UK Ltd.
Pitfield, Milton Keynes, MK11 3LW, UK
UKHW021655260726
13994UKWH00003B/1473

9 782329 394374